全人類最後の天の岩戸開き

健・和・富、世界恒久平和への霊智（ミチ）

和田康敬
Wada Yasutaka
《医学博士　日本臨床内科医会　臨床内科専門医》

今日の話題社

明治天皇御製

「よもの海《うみ》　みなはらからと　思ふ世に
など波風《なみかぜ》の　たちさわぐらむ」

「さしのぼる　朝日のごとく　さわやかに
もたまほしきは　心なりけり」

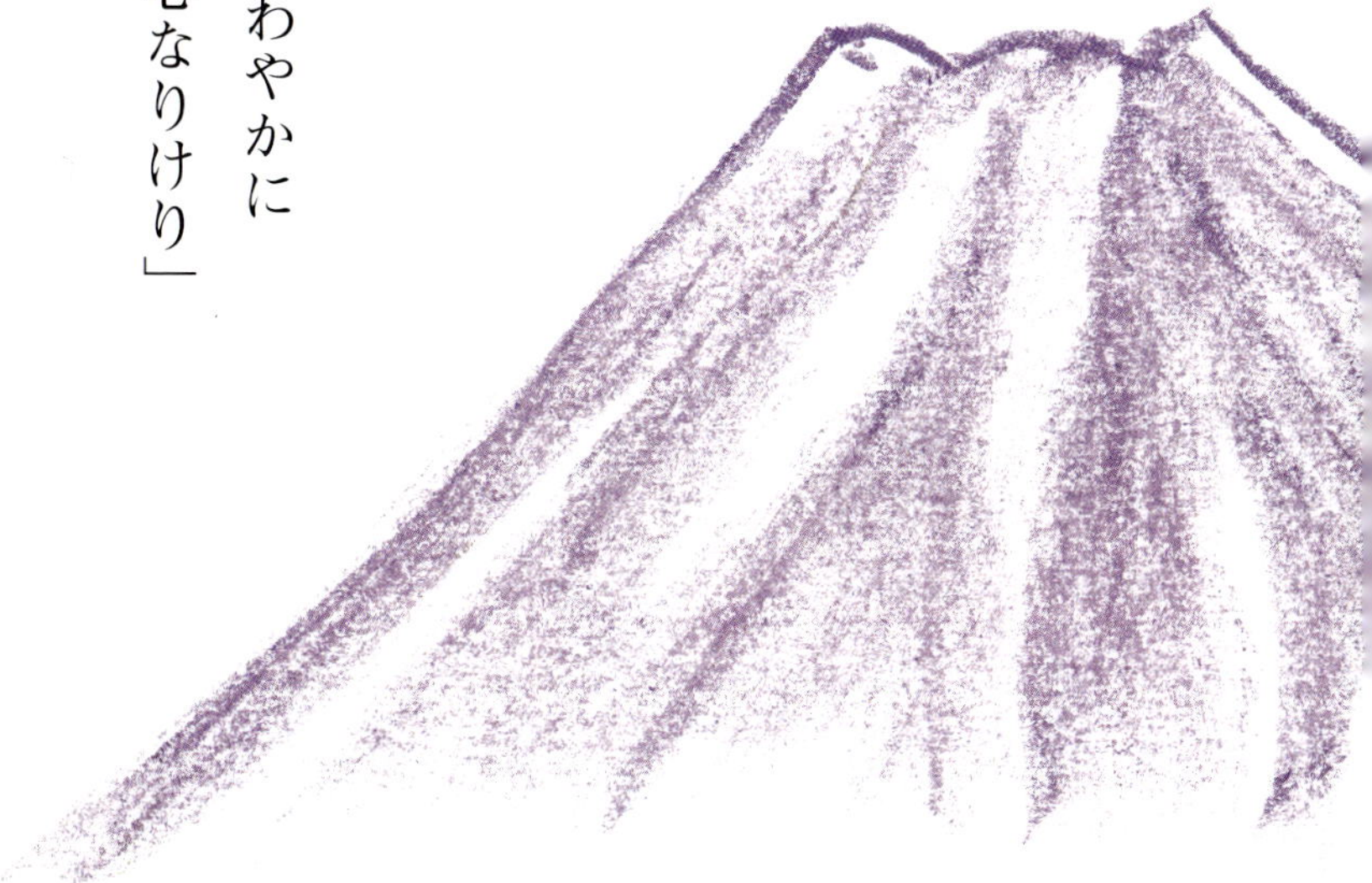

全人類の無病化・脱貧・無対立愛和・世界恒久平和への契約の虹

和田展示館の中でも特に霊的に貴重なものを集めたコーナー

丸石。その霊的成り立ちゆえ、日本でのみ産出される。
（本文 62 ページ参照）

右：琥珀のトラと水晶は、濃い色だったが色が変化し透明度が増した。
左：この水晶は、練り物として業者から購入した後に、貴重な単結晶のものと判明した。
（本文 65 ページ参照）

右：診療所にあるサンセベリア（とらの尾）。これら２鉢は、もともと一緒に購入した同じ高さのものだったが、左の鉢は院長室に置いているうちに右の２倍ほどの高さに成長した。（本文 67 ページ参照）
（なお、右の鉢は、その後３年ほど毎日手かざしをしたため、現在では生育がだいぶ追いついてきている）
左：これらの水晶も、黒ずんでいた色が透き通ってきた。

江戸時代の神学者・平田篤胤が神代文字《かみよもじ》で書いた「天宇賣命天石戸開廼時爾神懸乃御歌《あめのうずめのみことあまのいわとびらきのときのかみがかりのみうた》」の掛け軸（和田展示館にて展示）

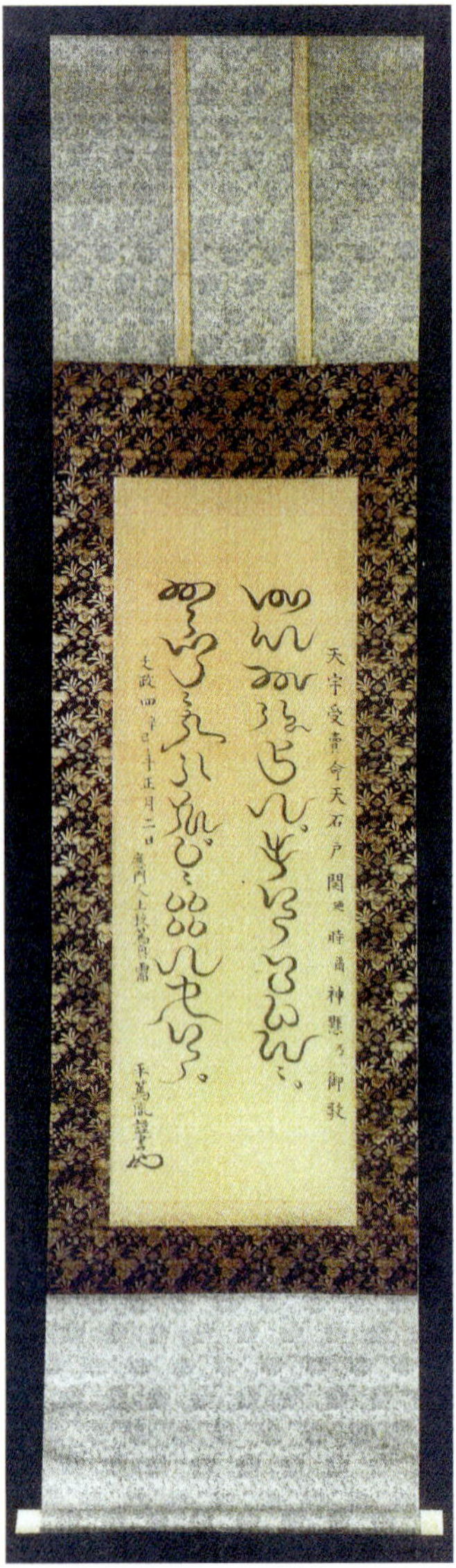

和田展示館の設立主旨（本文49ページ参照）に示されているように、萬人が、主神に生かされていることを知って、主神神向に徹し、各人が、小我を捨て、大我に生きる、即ち、主神御経綸である地上天國実現に向けて、精進努力することが、最後の天の岩戸開きであります。

全人類最後の天の岩戸開き

――健・和・富、世界恒久平和への霊智（ミチ）

はじめに

今年（平成二十三年）になって、立て続けに三件の型示しがありました。型示しとは、速やかに改心しないで、そのまま進んでしまうと、ますます示しの傾向が強くなり、ついには人類自壊に陥るという、神よりの重大な警告です。

その一つは、福島の原発事故であり、二つ目は中国高速鉄道追突脱線事故、三つ目はノルウェーの大量殺人テロ事件です。

一つ目の福島原発事故は、何の型示しであろうか。世界唯一の被爆国である日本がいまだに目覚めずに、核分裂によるエネルギー利用などを推進しようとしてきた唯物主経済至上主義の愚に対する型示しであります。

人工的に核分裂を起こしてエネルギーを得ようなどということは、唯物主文化の行き過ぎであることに、早く目覚めなくてはならない。それは遺伝子操作などで神の調和を乱すのと同罪で、目に見えぬ人知、才知にて伺い知ることのできない神の世界を否定した唯物対立文化の行き過ぎであることに、気付かなくてはならないのです。

神は人間に自由意思を与えてあるので、目に見えぬ神の世界を否定した文化は、歯止めがきかず、早く改心して改めないと自滅するまで突き進むことになるのです。

第二の中国高速鉄道追突脱線事故は、生命の尊厳を無視して危険を顧みず、唯物主資本主義、唯物共産主義の競争心理による、これまた経済至上唯物主対立文化の究極を示す、型示しです。

第三のノルウェー大量殺人テロ事件は、全人類は主神に生かされている神の子、神の分けみ霊、兄弟姉妹であるにも拘わらず、真理を知らない一宗一派にとらわれた、萬教帰一を知らない間違った思想による宗教戦争の型示しである。

今や政治も宗教も、教育、経済、医学も、早く目に見えない霊的世界の主体性、霊主文明の真理に目覚め、改心して、主神御経綸である、地上天国、世界恒久平和樹立に向けて精進努力しないと、この型示しはますます著しく進展して、ついに人類自滅に至るという主神の御警告であり、主神は「大和人よ遅いぞ間に合わんぞ」と叫んでいらっしゃるのです。

一方、良い方の型示しは、女子サッカー大和なでしこジャパンが澤主将のもと、一体化して精進努力した結果、念願の金メダルを獲得し、国民栄誉賞を受けたことです。

このことは、一つの正しい目標に向かって一体化し、一丸となって精進努力すれば、その正しい目標は必ず達成されるという型示しであると思います。

霊《ひ》の元つ国日本から一日も早く地上天国を樹立して行かなくてはならないという、主神から与えられている日本の使命を知っていただき、大和人萬人が一度に主神神向に目覚め、最後の天の岩戸を開いて、平和の象徴であられる萬世一系の天皇を中心に、一丸となって地上天国樹立に向かって精進努力する日の一日も早からんことを祈念し、この「全人類最後の天の岩戸開き」の本を出版することにいたしました。

あなたの岩戸開きが十全になされることを心よりお祈り申し上げます。

平成二十三年十月十七日

和田　康敬

全人類最後の天の岩戸開き　目次

はじめに　3

第一章　万生万物は主神《スしん》に生かされている……11

主神は実在される

主神《スしん》とは

主神神向に徹するということ

主神神向は一念三千なり

常の中に変あり、変の中に常あり

第二章　岡田光玉師との出会い……39

禅を学ぶ

第三章　和田展示館設立の主旨……47
和田展示館の設立主旨
平田篤胤の神代文字の掛け軸
玉石について
神の光によって鉱物・植物まで変化する
（万物万生は大元力パワーによって生かされている）
星野看護師の体験談
第四章　真の全人医学が病を根底から絶つ……69
全人医学についての私見
WHO、目に見えぬ世界、スピリチュアルパワー
我を捨て感謝に生きることから考える全人医学
無病化への奇跡の実例
ほほ笑美《えみ》
天寿を全うするということ

第五章　霊《ひ》の元つ国、日本の使命……89
霊《ひ》の元つ国日本の使命と世界恒久平和
今が地上天国樹立の時
憲法九条を守れ
第六章　萬教帰一……101
萬教帰一
第七章　最後の天の岩戸開きの実践……107
最後の天の岩戸開き
平等即差別　差別即平等
主神中心無対立愛和
最後の天の岩戸開き

第八章　大和人各人が最後の天の岩戸を開いた後の実践項目…123

第一章　万生万物は主神《スしん》に生かされている

主神は実在される

ここに示されていることは全て、宗教ではありません。現代医学・現代科学、また、形而上学《けいじじょうがく》からみての否定出来ない真理です。

なお、主神《スしん》と示されている主神とは、萬人《ばんにん》をはじめ、萬生《ばんせい》、萬物《ばんぶつ》を久遠《くおん》に生かしてきているところの誰も否定できない、「在りて有る」大元力・実在パワーです。

私が、これからこの本で述べることとは、宗教ではありません。宗教とは、特定の神、仏等を信仰し、教祖等の示す教えに帰依する観念的なものです。

しかし、私が述べることは、目に見えないだけで確かに存在し、久遠に無限の力・エネルギーを発しておられる唯一無二のご存在のことです。

わたしは、そのご存在を「主神《スしん》」とお呼びしています。

では、主神とはどのようなご存在なのでしょうか。

主神《スしん》とは

神《しん》・幽《ゆう》・現《げん》の三大霊界即大千三千世界《さんだいれいかいそくだいせんさんぜんせかい》は、観念界哲学界のものに非ずして、実在界即実相界《じつざいかいそくじつそうかい》にして相交流連動し、万生と生命界や空気界が相連動しあると相似なり。深遠《しんえん》・無辺《むへん》・遍満無《へんまんむ》量《りょう》の主《ス》の神の大源霊《だいげんれい》、光の息吹きの界なり。

従いて人知才知にて限定せし宗門宗派人種等の区分には、何等影響せらるる事なき超宗教界のもの、即ち崇教界《すうきょうかい》のもの、即ち宇宙天地万物創造の主神《ぬしがみ》の定め給いし、「永遠への仕組みの置き手（掟）の界なり」。「妙なる法《のり》の充満界」なり。

元主《もとス》一十《はじまりかむ》は、万象界《ばんしょうかい》創造《そうぞう》化育《かいく》繁茂《はんも》悠遠《ゆうえん》の弥栄《いやはえ》の為、それ等一切を統一運営し給う大玄《だいげん》・幻《げん》・源力《げんりょく》にお在しまし、ヒト万霊万物共通の主《ぬし》たり。天地《あめつち》初発よりの霊智《みち》の本源にして宇宙意志となり、光となり、絶対力となりて照々万象《しょうしょうばんしょう》を照らし給う主《ぬし》たり。モウシェ・釈尊・イエス・孔孟共に、主《ス》に神向《かみむ》きせる権化なり。

本来神界神霊界に宗門宗派なし。

「これは主神より岡田光玉師が賜ったお言葉です」

神・幽・現の三大霊界即大千三千世界とは、神霊界、幽界、そして現実界の三界からなる、この宇宙そのものを表しています。私たちの住む宇宙、地球は、目に見える三次元世界（現実界）だけで成り立っているのではありません。

亡くなった魂が行くとされる幽界。神上がりされた先祖霊やいわゆる神と呼ばれる高次元の存在が住まうとされる神霊界。これらが一体となって宇宙を形づくっているのです。それを立体の三次元世界でうまく表現することは難しいのですが、目に見える世界と見えない世界が現実界と鏡の写し絵のように存在しているのです。

そして、お互い、交流、連動し、影響を及ぼし合っています。主神は、三千世界すべてにわたって包み込むような光の息吹きともいえる御存在です。

ですから、主神は、神霊界の存在を神や仏として崇める宗教界で語られる神ではありません。つまり、宗教でいう神の存在を超えている、至高の、人知才知にては到底伺い知ることのできないご存在なのです。

現在、信仰をお持ちの人は、その信仰を捨てる必要はありません。信仰は信仰として続けられたうえで、万生万物を久遠に生かしているところの大元力・実在パワーすなわち主神に、生かされていることに早く気付くことが大切なのです。

主神神向に徹するということ

主神神向《すしんしんこう》に徹するということは、萬人が主神に生かされているということを知って、主神に全託して生きるということです。各人が、小我を捨て大我に生きる。主神に完全に生かされ、光の放射体となるということで、是が最後の天の岩戸開きであり、全人類が主神神向にめざめれば、直ちに主神御経綸である地上天国、世界恒久平和が実現するのです。

主神は、「大和人よ、遅いぞ、間に合わんぞ」と叫んでいらっしゃるのです。二十一聖紀は、主神御経綸の急進展により、地球という一つの生命体の光波が著しくアセンション（霊的に上昇）した為、主神の光波は、非常に強力に地球に影響してきており、人類が同調出来ないで、いつまでも我《が》を張って分裂、対立していると、自然現象は、人間の想念と密接に関係しているので、天地壊落も避けられない事態になるのです。

二十一聖紀は、萬人が最後の天の岩戸を開いて、光の放射体となり、物主から霊主へ、自己中心から利他愛へ精進し、小我を捨てて、無対立愛和で、感謝の生活をするようになると主神の大愛の光、妙智の光、清浄の光が流れ入って、求めずして健・和・富になると同時に、光の放射体となって、周囲を清めて行くことになり、ことに手の掌からは、強力な愛の光が放射されるので、神歌に「如何ならん　人も他人に与え得ん　み代となりぬる真光の業」とありますように、主神神向にめざめた萬人に、真光の業が許されるみ代となったのです。

　私たち神の子（光の放射体）は一丸となって、このことを真吼《まぼ》え、人類一人残らず、無病化・脱貧・無対立愛和実現の奇跡、奇跡に感泣する日の一日も早からんことを祈り、真吼え真行《まぎょう》（真理を知らしめ主神神向を実践する）に精進努力することあるのみです。

（平成二十二年　四月十七日　四時二十七分）

「此度《こたび》こそ　万人神の使徒と化し　真光かざして霊止《ひと》の人なる」

「此度こそ　万人神の使徒と化し　真吼え真行に生くる真姿」

信仰ではなく、神向《しんこう》です。

「しんこう」は、一般には信仰と書きますが、ここでは神向です。宗教では、多くが教祖を信じて仰ぐ、「信仰」になっています。教祖のおっしゃることは、何でも正しく、疑いもせず信じてしまう。

それは、ある意味危ないことでもあります。サリン事件を起こした団体の信者がそうでした。

ですから、神向。まっすぐ超高次元至高の主神に向かう。そして、一つになる。

主神様こそ、根源の神様で、私たちは、主神様に生かされているからです。

つまり、主神神向に徹するとは、前文に記したように、萬人が主神に生かされていることを自覚し、主神に全託して生きる、主神に自らの命を預けるということです。

主神の願いとは何か。それは、人類一人残らず無病化・脱貧・無対立愛和実現の奇跡、奇跡に感泣する幸福者のみの世と化する地上天国を実現し、天の岩戸開きを成就させることに他なりません。

であれば、主神神向に徹して正法を実践して、主神にすべてを委ねれば、そのように導いてくださるということです。その邪魔をするのが、自己の「我」です。ですから、各人が、小我を捨てて、大我に生きることが必要になってくるのです。

我が少なくなれば、それだけ、主神に生かされることになり、主神から頂いた大愛の光を放射することができるようになります。すなわち、人体が光の放射体となるのです。

このことが各自にとっての最後の天の岩戸開きとなり、大和人萬人が岩戸を開いて地上天国を実現すれば霊の元つ国日本が世界の手本となり、全人類が、主神神向に目覚めれば、ただちに地上天国、世界恒久平和が実現するのです。

これこそが主神のご計画であり、主神御経綸とは、このことをいうのです。

主神は、「大和人よ、遅いぞ、間に合わんぞ」と叫んでいらっしゃいます。事実、東日本大震災では、多くの人々が肉体を脱ぐことになりました。いよいよ立て替えが始まってしまったのです。

二十一世紀は、主神御経綸の急進展する時期です。主神は、大愛の波動を著しく強めてきています。一つの生命体である地球もその主神の光を受け、アセンション（次元上昇）し始めました。

主神の光波は、地球に強力に影響してきており、人類がいつまでも我を張って分裂、対立していると、地球の波動に同調できなくなり、いまだに唯物主対立想念に生きている人々は地球にとって異物となり、排除されることになります。

自然現象は、人間の想念と密接に関係しているのです。地球が身震いすれば、地震となり、水で清めれば洪水となるでしょう。主神御経綸の進展に参画させていただき、精進努力していかないと、地球は人類に生息を認めず、天地崩落も避けられないことになるのです。

二十一世紀は、物主から霊主への移行がなされます。世間で、アセンションと騒がれているのは、まさにこのことです。

人類は一日も早く自捨新生して霊主とならなければなりません。自己中心的な考えは、物主そのものです。モノ・カネ・名誉欲が自己の中心を占め、カネの為には、殺人をも犯す人間も出てきております。

ただし、自分のことは求めずに、世のため人のために生きるような人は求めずして自分が天（神）の倉から与えられる人、すなわち主神から最大限生かされる人となるのです（これが百八十度の想念転換）。

こつは、感謝の心を持ち続けること。小我を捨て、無対立愛和を成し遂げるには、何に対しても、感謝を忘れないことです。しかし、これが難しい。

人から物をもらえば、だれでも感謝するでしょう。しかし、反対に奪われたら感謝できますか?「ありがとう」と言えますか?

「どろぼう」と叫んで追いかけて、相手も抵抗すれば、喧嘩になります。争いになるでしょう。無対立愛和なんて不可能です。

もちろん、相手はどろぼうをしたわけですから、捕まえて警察を呼ぶのは自然な行為です。問題はそれからです。

まったくとんでもないやつだと腹を立てるのか。自分に何か至らない点があったのではないかと反省するのかです。

主神神向に徹していれば、このことも私に何を教えようとしてくださったのだと考えることもできます。私の我を禊いでくださったのではないか、過去の過ちを清算してくださったのではないかと反省することができます。

主神神向に生きている以上、その人のすべての出来事は、大難を小難に、小難を無難にと、良くなるための変化、お仕組みを主神からいただいているのですから、ただ有難し、もったいなしと感謝して主神神向に生きていればよいのです。これが主神に全託して生きることなのです。

健・和・富についても同様です。健・和・富を求めて我を出したらだめなのです。健・和・富を求めて、たとえばお金持ちになりたいから、病気を治したいから主神を神向する、というのであれば、それは神向ではありません。単なる信仰です。それは、自分の欲を満足させるための信仰ですから、「おかげ信仰」です。利他愛ではなく自己愛です。

おかげ信仰であれば、どこかの宗教へ入信するか、神社仏閣でお参りすればいいでしょう。徳が積めた分だけ、おかげがいただけるかもしれません。

主神神向は、そうではありません。小我を捨てる、利他愛に徹する、主神に全託するということです。

小我がなくなり、無対立愛和を実践して、感謝の生活を送れるようになれば、主神の大愛、妙智の光、清浄の光が流れ入って、その結果、求めずとも健・和・富になれるのです。

はじめから健・和・富を求めていたら、健・和・富は、恥ずかしくなってはだしで逃げ出します。我欲が生じてしまうからです。注がれた主神の光は、その我欲が遮断してしまいます。

主神は、善なる人には光を注ぎ、悪人には放射しない、ということはありません。神向している人にも、主神の存在に気付かない人にも、だれにでも平等に注がれます。主神の光は大愛ですから。ただ、それを受け入れる人と自らシャットアウトしてしまう人がいるのです。無智や我欲、邪な心が受け取りを拒否するのです。

皆が、健・和・富になれば、すばらしいと思う、なりたいと思う。善良な市民であれば、誰もがそういう心を持つでしょう。

しかし、何度もいうように、執着してはだめなのです。結果は主神にお任せしましょう。そして自分は利他愛に生きる。何があっても感謝する。

主神神向に徹するということは、そういうことなのです。

へだてなき神の恵みは天地の　全てのものに照り渡るなり（王仁）

主神神向は一念三千なり

萬人は、主神に生かされている。ただ、各人が幾萬年に包み積んできた霊の曇りのために、神から離れて、そのことを自覚できない状態になっている。二十一聖紀は各人が至高の愛と真、大調和の主神に向かって祈るとき、その想念は、直ちに神・幽・現三千世界に行きわたり、宇宙大の自己となる。

即ち、肉体はあって無く無くて在って無いものであることが神理です。心からのお詫びと感謝が日常の行となり、主神神向に徹して、生活即神向で精進するとき、その人の霊の曇りは消除され、憑霊されざる人となり、主神に最大限に生かされて、主神中心無対立愛和の人となり、求めずして健・和・富の人となる。是が最後の天の岩戸開きであり、萬人が主神神向に生きるとき、地上天国が実現するのです。

先ほど、主神の光の受け取りを拒否する人がいると申し上げました。しかし、まったく受け付けないというのではありません。主神の光は万物を生かしある光ですから、その光がなければ、人は一秒たりとも生きてはいけません。

つまり、生命体として必要最小限度のパワーはいただいて生かされているのです。

しかし、二十一世紀に入って、次元上昇に必要で放射されている至高の強い愛の光を受けとることができないのです。

テレビやラジオ放送を受信するには、周波数を合わせなければなりません。波長を同調させて受信します。いまは、リモコンをピッと押せば同調できますが、私が子どもの頃使っていたラジオは、アナログでしたから、アンテナやラジオの位置を変えながら、ダイヤルを回して微妙な調節を行ったものです。

この同調には、共振作用という物理現象が利用されます。受信機が外部の電波と同じ波長の電波をごくわずか発すると、外部の電波がそれに共振し、結果、受信機はその電波を大きく捉えることができるのです。

主神の大愛の波動を受信するのも同じです。自らも同じ愛の波動を発していなければ、主神の強い波動を捉えることはできません。

我欲や邪な波動では、強い光とは波長が合わず、同調させることができません。

つまり、我の強い人は、せっかくの主神の波動をキャッチすることができないわけです。

また、霊の曇りがあれば、それも愛の波動をさえぎることになります。通常は誰でも、幾万年、生まれ変わり死に変わりするなかで、曇りをもっているものです。魂を磨けといわれているのはそのためです。

魂の曇りを取る最も簡単で効果的なのが、「祈り」です。

各人が、至高の愛と真、大調和の主神に向かって祈るとき、その想念は、直ちに神・幽・現の三千世界に行きわたります。

心からのお詫びと感謝を毎日行い、主神神向に徹して、生活即神向、つまり、日常の生活そのものが、神向となり、日々精進するとき、その人の霊の曇りはすっかり祓われます。

もちろん、そのような人には、邪霊が憑依することはありません。

生活即神向が徹底されれば、邪霊も憑依する場を失うのです。さらに、光の放射体になれば、波動の低い霊は、眩しすぎて、近づけなくなるでしょう。

主神に最大限に生かされて、主神中心無対立愛和の人となり、求めずして健・和・富の人となる。

これが最後の天の岩戸開きであり、萬人が主神神向に生きるとき、地上天国がおのずと実現するのです。このことは何度申し上げても、いい過ぎではありません。

常の中に変あり、変の中に常あり

常中変《じょうちゅうへん》
変中常《へんちゅうじょう》

常は、主神神向に徹し、主神御経綸である地上天国実現に向けての祈りと実践。

変は、御経綸進展により、当然御神策に変化、立て替えあり。ス直に速やかに心切り替えなくては、御経綸進展のさまたげとなる。

主神様は大和人（日本人）よ、遅いぞ、間に合わんぞ、と叫んでいらっしゃる。現界的には、今昔の感あらしめなくては、御経綸進展に沿うことは、不可能であることを知らなくてはならない。

「常中変」、「変中常」とは、禅の言葉です。

常中変《じょうちゅうへん》。変中常《へんちゅうじょう》。

常のなかに変があり、かつ、変のなかにも常がある。禅ではこのように諭しています。

この宇宙に変わりなく存在するのは、主神様と、主神様の御経綸《ごけいりん》です。経綸とは、神の御計画（地上天国樹立のこと）の意味です。

御経綸は常に変わりませんが、御神策は、刻刻と変化します。日々、進展しますから、それは当然のことでしょう。

しかも、二十一世紀は、劇的に大変化が起こります。それが「立て替え」です。いまの政治の仕組み、経済の仕組み、人々の生活、その他諸々のことが大きく変わっていくのです。主神が社会の仕組みを立て替えなさるわけです。

なぜなら、いよいよ地上天国実現に向けて、本格的にすべてが動き出すからです。いままではその準備期間でした。

考えても見てください。いまの日本の在り方の延長線上に地上天国は見えるでしょうか。確かに日本国民は、自民党支配の政治に危機感を募らせ、民主党に政権を委ねました。

しかし、それで何かが変わったかというと、ほとんど変わりませんでした。公務員制度改革は進まず、大地震もあって経済は下降したまま。国の借金はますます増え続けています。民主主義の根幹である一人一票の票の格差もいまだに是正されていません。

菅直人前首相は、「脱原発依存」に舵取りをしたいと思っていたのに、経済至上主義物主である与党の民主党も自民党も公明党も積極的でなく、相変わらず、党利党略の駆け引きばかりです。震災の復興すらままならない状態です。

これでは、地上天国の実現など、夢のまた夢といったところでしょう。

では、一度衆議院を解散して選挙をすれば、大きく変わるでしょうか。私は、そうは思いません。国の方向性を示す政治家の意識、それを現実に実現していく官僚の意識、さらには、日々生活する私たちの意識が変わらなければ、何度選挙をしても大きくは変わらないでしょう。

よく、政治家のレベルは、その国の国民の意識レベルを反映しているといわれます。国民一人ひとりが選挙で政治家を選ぶわけですから、それも当然です。ですから、一番大事なのは、私たち国民一人ひとりの意識です。

それが変わらなければ、何も変わりません。ス直に速やかに心を切り替える、今それが最も求められているのです。

国民全体が、一丸となって、地上天国を実現しよう、そういう意識に変わらなければ、不可能です。

では、どのようにすればいいのか。それは大和人萬人が世界に魁けて、主神御実在に覚《めざ》め、自捨新生して各自の最後の天の岩戸を開き主《ス》神神向《しんしんこう》に徹することです。それは変えてはなりません。だから、主神神向は「常」なのです。

もちろん、他に、いずれかの神さま、仏さまを信心していても構いません。主神神向をお忘れにならなければ、結構です。萬教は主神に帰一するからです。

しかし、最も望ましいのは、主神の御経綸に参画すること。御経綸に参加される人々は「種人《たねびと》」と呼ばれます。

地上天国実現という大輪を咲かせるために、まだ、主神を知らない人たちに、主神の存在を知らしめ、あるいは人々に幸せの種を蒔く種人です。

そのように、心を切り替える、生き方を変えることが、求められているのです。

二十一世紀は、そういう時代だからです。

主神様は、「日本人よ、遅いぞ」と檄を飛ばされました。事実、「立て替え」は始まり、日本は変わろうとしています。

（御聖言）

「神に愛されんとせば、汝等は神試し、神鍛え、神振い、神の戒めもス直に受けて、ス直に、ありがたや、ありがたやと申す稽古積み、ス直なるお仕組みに、ス直にどこ迄もお伴し来たるべし。大いなる勇気を要せんも、汝等次第に値打ち出で来たるべし、光り来たるべし。光の玉になるべし。おかしきものなり。天地《あめつち》のおかしき心、身につくる始まりなり。」

（神歌）

ス直をば　真に覚らば　神向の
　出来たる人と　神は愛《め》ずらん

朝日とは　天主開陽《アスアヒ》なりけり　今の世は
　天主開陽《アスアヒ》の世なり　心して行け

第二章　岡田光玉師との出会い

禅を学ぶ

中学生の頃です。真の大安心を求めていた私は、禅の世界に興味をもちました。そこで、白隠禅師（江戸中期の禅僧。臨済宗の中興の祖といわれる）や盤珪禅師（江戸初期の臨済宗の禅僧）の語録などを次々に読みました。それで、禅で大悟した人は、大安心で、自由で何事にもとらわれない境涯を持っていることを知りました。私も、そのような自由無碍《じゆうむげ》の心境になったらどんなにいいだろうかと考えると、勉強も手に着かないほどでした。すべての苦しみはとらわれから出てくることを知ったからです。

その境涯への大きな憧れをもった私は、原田祖岳老師という当時、最高の禅の実《じっ》践師家《せんしけ》が福井県小浜の発心寺《ほっしんじ》で接心（坐禅の会）を行っていることを知り、早速そこに参加しました。

発心寺の接心は、厳しいものでした。原田老師は曹洞宗師家でしたが、道元禅師の只管打座《しかんたざ》（ただひたすらに坐す）は、見性（自己の根源的な本性を見る、すなわち成仏という禅の悟りの境地）したあとでなければ為し得ないということを主張され、参禅時に、臨済宗の公案《こうあん》を与えて、私たちに、見性を目指すことを指導されました。

参加する人たちは、冬でも自ら井戸水をかぶって夜坐《やざ》をするという、真剣な求道者ばかりです。

大学は、千葉大の医学部に進学しましたが、そうなると、小浜は遠く、そこで、東京・永福町の大光寺で、原田老師の高弟・石黒法龍老師の指導を受けることにしました。やがて石黒老師からは、独参（師家と一対一で指導を受けること）場で、見性と得牛（真の自己である牛〔すなわち真理〕を得て逃がさないこと）が許されたのです。

さて、卒業して四、五年目でしょうか。群馬県の国立沼田病院へ出張していた折りです。当時、毎日、歩いて宿舎から病院へ通っておりました。

　そのある日の朝です。カランコロンと下駄の音だけの忘我の状態で、歩いているうちに豁然《かつぜん》、「萬象来たりて吾を証す」という道元禅師のお言葉をはっきり自覚し、「自己は宇宙大であり、宇宙即吾、吾即宇宙」ということに何らの疑念もなくなりました。

　同時に、禅で見性し、それを人格化すること以外に真の道はないことを確信したのです。人生の目的は、霊的に昇華して人格の完成を目指すことであり、一人でも多くの迷っている人を救うことにあったのです。

　ところが、ある休日のことです。当時すでに宇都宮で内科医院を開業しており、時間にも多少余裕があった頃です。

　都内で、趣味の古美術を見て回り、上野の国立博物館を巡って、かなり疲れた状態で上野の駅に向かって歩いていました。

　すると、ちょうど、西郷さんの銅像の近くの石段のところで、真光《まひかり》の青年たちがパネル展を開いているところに出会ったのです。

普通でしたら、新興宗教にはまったく興味がなかったので、通り過ぎてしまうところですが、そのときは若い人たちの明るい雰囲気に引きこまれ、「どうぞお立ち寄りください」との言葉のまま、椅子に腰かけました。

そこで、言われるままに十分ほど瞑目合掌していたところ、一日の疲れがすっかり取れて、まるで禅で三、四日座ったような爽快感がありました。

私は、わずか十分でこのような境地、状態になったことに驚きました。そして、明らかに疲労が軽減するという肉体の変化を、医者として見逃すことはできませんでした。

宇都宮にも真光の道場があることを聞き、早速尋ね、昭和五十八年十月二日から三日間の研修を受けました。

そのとき、初めて岡田光玉師の存在を知りました。光玉師は、真光の創設者で、主神より直々にお言葉を受けられた方です。ただ、残念ながら、私が真光と出会ったときは、すでに御帰天された後でした。

しかし、師の教えは、「陽光子祈言集《ようこうしのりごとしゅう》」や「御聖言《ごせいげん》」等で学ぶことができました。

第三章　和田展示館設立の主旨

和田展示館の設立主旨

和田展示館の主旨
世界平和・地上天國実現へ最捷路《さいしょうろ》(最短路)、
個人的には、健・和・富実現への真法門《まほうもん》の扉を示す。

一、主神神向に徹する。(人類想念一大転換の要)
主神神向は、一念三千なり。
主神中心無対立愛和文明の実現。

二、お詫びと感謝が日常の行となる。(最後の天の岩戸開き)
人類は一人ひとりが主神の子であり、主神に生かされている。

〔自己中心・自利愛中心主義・人間中心主義・我と慢心〕の我《が》が、神から離れる元凶《げんきょう》である。今まで生まれかわり死にかわり、幾萬年と各自のなかに、主神を閉じ込めてきた我の罪を、心よりお詫びし、我が出たと思ったらすぐに、お詫びし、善きも悪しきも万物只々《よろずごと》有難し、もったいなしと感謝する人に我は無い。我を捨てれば捨てる程、主神に生かされ、求めずして健・和・富になる。主神は常に吾等を健・和・富に生かそうとして居られる。

三、主神御経綸（地上天國・世界恒久平和）成就に参画させていただき、正法の実践、百八十度の想念転換（物主から霊主、自己愛から利他愛）の伴った真光業の実践に精進する。

平成十九年　十月二十八日

私は中学生の頃、自分の進路を決定するにあたって、こんなことを考えました。それは、最も人のためになり、社会に役立つ職業はなんだろうかと思ったのです。直接人の命を救うという点では、医者が一番ではないか、そう結論づけました。

そこで医学の道を志したのです。私の家系は、祖父から兄弟親戚にいたるまで、皆、文科系で、理系に進んだのは私が初めてでした。

前述のとおり、昭和三十二年千葉大医学部を卒業して、厳しい指導で有名だった斎藤十六《そろく》教授の第2内科へ入局。学位取得後、厚生連石橋病院副院長・内科医長として勤務、三年後の昭和四十四年、宇都宮市で開業し、現在に至っています。

どうして自分の医院を開いたのかというと、対症療法、局所療法のみに終始している現代医学に飽き足らず、自分で納得のいくような全人医学を行いたいと思ったからでした。

もちろん、病気をただ治すだけではなく、萬人を病気のかかりようのない健康体にお導きするためにはどうしたらいいのだろうかと、「医は医無きを期す」という言葉がありますが、そのことを追求するためにも、自由のきく自分の診療所を持ったのです。

そして、長年の経験と研究の結果、一つの結論を得ました。

それは、「人間が真に健康であるためには、萬人にそなわっている自然治癒力、および免疫力がいつも最大限に、発揮できる状態を保つことである」ということです。

自然治癒力や免疫力というのは、小我による自己中心、自利愛中心の思考習慣による暗い心によって抑制されるということがわかったのです。

そこで大切なのは、ストレスをストレスと感じないような、ものごとにとらわれない心、我のない思いやりのある温かい心、利他愛を心がける広い心、つまり、明るく、他人と愛和して、感謝で生活するような人は、自然治癒力、および免疫力が最大限にはたらき、病気にかからない健康体でいられることがわかったのです。

もちろん、病気の人がこのような愛と感謝に満ちた生活に改めれば、疾患は速やかに改善し、健康を取り戻すことができます。これが本当の生活習慣改善です。

実は、人の持つ自然治癒力の源は、主神様にあるのです。人は至高の愛と真の主神様に生かされている存在ですから、自然治癒力・免疫力は、主神様の大愛のエネルギーであるといえるでしょう。

体の健康と同じくらいに大事なのが、教育です。そして、その教育にとって大切なのは、徳育です。小さいうちから良い家庭環境で育まれ、小学校からの義務教育では、徳育を重視した礼儀正しい、挨拶のしっかりできる上敬下愛の習慣を身につけさせることが、日本の未来の健康社会実現にとって大切なことなのです。

日本人の子どもの学力の低下は、ゆとり教育で授業時間が短くなったせいだけではありません。徳育教育がないがしろにされているために、授業に向かう心がけが甘く、勉学に集中できないというのが原因です。授業をボイコットしたり、先生を尊敬しないような雰囲気で、勉強ができるはずがありません。

また教員の自覚、徳性が重要で、教師は単なる知識の切り売りではないことを肝に銘じなくてはなりません。

勉強する意味、感謝する大切さ、教師に対する礼儀、そういうことが徹底されれば、たとえ短い時間であっても、勉学効果もアップするといえます。

とくに、胎教および、義務教育に到るまでの霊主の両親による愛和の家庭環境はもちろんのこと、徳育を重視した義務教育（小中学）が地上天国の人間形成に最重要なのです。

健・和・富の基礎は、教育にこそあり、です。

一方、真の芸術に接することも忘れてはいけません。我のない真・善・美の表現に触れることは、無我の境地を養うことにとって、とても大切なことです。自ら持つ真・善・美を掘り起こしてくれるはたらきがあるからです。

美術品は、古いものほど作意や我のない、本当にいいものがあるというのが、私の実感です。

本物の良い作品は、いつ見ても、何度見ても飽きがきません。一見、美しく形もよくできているように見えても、数回見ると飽きてくる。そういう作品は、作意や何か不純な我が入っているからだと思います。

いいものを作ろう、賞を取りたいなどの気持ちが強すぎると、いつのまにか作品にもそういう気持ちが入り込んでしまう。

良いものは、いつ見ても美しく、奥深くて引きつけるものがあって飽きがきません。不思議といえば不思議です。

まるで、野に咲く花のようでもあります。路傍に咲く小菊の一輪でも、まわりと調和して、何の我も、主張もなく咲いている。ただ喜びだけがそこにあります。

小菊にとって、花を咲かせることは大きな喜びです。年に一度だけ、たった数日間の開花です。小菊の喜びはいかほどか、その表現が、一輪の花なのです。だから、見れば見るほど清楚で、美しい。これが至高の美でありましょう。

真の芸術は、そのテクニックをマスターしたうえで、全くの無我・無心のところからおのずと表現創造されたものであり、作り手は創造の喜びを感じるだけです。我のない良い美術品を鑑賞することは、無我の情操を養う上で、たいへん役立つものです。

書などは、その人の境涯の表れる東洋美術の最たるもので、白隠、良寛、鉄舟、南州、鉄斎、平櫛田中《ひらくしでんちゅう》、魯山人などの無我の書は、最高の芸術品です。ことに良寛の書などは良いものばかりです。

和田展示館には、こうした真の芸術品を始め、数多くの展示品が並べられています。

たとえば、日本のものでは、縄文・弥生から江戸時代までの土器、勾玉、石器類、古陶磁。白隠、良寛、隠元、芭蕉、南州等の境涯の書。中国ものでは、商・周（紀元前一六世紀前後）の青銅器、石器類。唐・宋・元・明・清の時代の古陶磁。朝鮮・韓国では、高麗・李朝の古陶磁などの展示品があります。

なかでも特筆すべきものとして、玉石（魂石）と主神の光で清く変化した水晶および琥珀が挙げられます。

平田篤胤の神代文字の掛け軸

和田展示館が所蔵する美術品のなかで、特筆すべきものがもう一つあります。それは、平田篤胤が神代文字《かみよもじ》で書いたとされる「天宇賣命天石戸開廼時爾神懸乃御歌《あめのうずめのみことあまのいわとびらきのときのかみがかりのみうた》」の掛け軸です。

巻頭の口絵を参照してください。ここに描かれているのは、古代・神代文字といわれるなかの「あひるくさもじ」と呼ばれるものです。あひる文字は、阿比留家から発見された文字なので、この名がありますが、その草書体が「あひる草文字」です。

もともと、神社の神璽《しんじ》（印）など使われていて、伊勢神宮の神宮文庫等に古いものが残されています。

では、現代語に直すとどう読むことができるのでしょうか。それは、「ひふみよいむなやここのたりももちよろず」です。

意味は、「一、二、三、四、五、六、七、八、九、十、百、千、萬」。

いったい、この数字の読み上げにどういう意味があるのかと思われるかもしれません。山蔭神道の神官で、合気道師範の佐々木《ささき》の将人《まさんど》氏は、著書『内なる神とつながる生き方』（大和出版）のなかで、この数歌《かずうた》についてこう記されています。

「これは、万物の生命が生成化育するさまをうたったご神歌である」

「つまり天の数歌は、太陽も地球も、地球上の万物も、すべて大自然の神のはたらきであり、単なる物質ではなく大生命であることを言う。それは、この世のすべては、宇宙意識が現れた写し世であり、神の偉大なる力によってすべての生命が生み出され、力を与えられているということである。
ゆえに、この天の数歌は、肚《はら》の底から元氣よく力を込めて唱えると、全身にいきいきとした力が湧いてくるはずである。」

佐々木氏のこの主張に私も全面的に賛成です。一から萬のすべての数字でこの大宇宙を表しています。それを唱えれば、確かに生命力が注がれ、力が湧いてくることでしょう。

一から萬で現された大宇宙には、目に見えない世界も含まれています。
目に見える今の現実社会は、一から九までの世界です。十は、地上天国を表し、それ以上の、百、千、萬とは、位が一つ上がるごとに次元が上昇する神霊界の世界を象徴しているのです。

この古神道の奥義ともいえる数歌を、江戸後期の国学者で神道家の平田篤胤は、神代文字で綴られました。神代文字は、神様との交信に使われる秘文字です。平田篤胤もそのような意味を込めて、言霊を書に現したと考えられます。

また、一から八までの世界は、二十世紀までの現実界を表しています。宇宙は、「あいうえお五十音図」に示されていると古神道では考えます。そのあ行を一とすると、八は、ヤ行になります。ヤ行の終わりの文字は、ヨです。

実は、岡田光玉師は、主神から、ヨの御役といわれていました。ヨにはいろいろな意味が込められていますが、ヨはよろこびのヨでもあります。ヨの御役とはよろこびを生みだす役であると、光玉師の御聖言にもあります。

また、ヨは「世」でもあります。

御聖言によれば、人類を物質的に進歩させようと、やむなく一時、物主の世を作られたとあります。二十世紀に人類は、その物主の世界を完成させて、二十一聖紀霊主の世へ転換するときが来たのです。

ヤ行は、物主の完成の時期です。光玉師は、物主を完成させ、霊主のミチを切り開かれる御役でした。それがヨの御役だと、私は解釈しております。ヤ行の次は、ラ行です。九番目のラ行は、「ラルロの嵐」と古神道では呼ばれ、ミソギ祓いと健・和・富へのミチの転換期に当たります。

光玉師の御聖言には、「アガナヒからアカナヒへの転換」とあります。アガナヒは贖いで、アカナヒは明かな霊《ひ》のことです。

つまり、天の岩戸開きの時なのです。岩戸を開いて、岩戸から出れば、そこは、もう十番目のワ行の世界です。「和」です。地上天国です。

できれば、アガナヒは簡単に済ませて、アカナヒへと向かいたいものです。そこでの主役は、皆様お一人おひとりです。全人類、天の岩戸開きの時なのです。天照大御神がお隠れになった岩戸を開けたのが、天手力男命《あめのたぢからをのみこと》です。一人ひとりが天手力男命となって、自らの岩戸を開けるときなのです。

玉石について

ここでご紹介する玉石《たまいし》は、ガーデニングや建築で使われる玉石（小石）ではありません。一般的ないわゆる玉石は、川の流れや海の波が磨いた丸い石で、本当の玉石ではありません。

ところが、霊《ひ》の元つ国といわれる日本では、石のなかに生ずる本当の玉石が産出されるのです。人工的に磨いた玉はもちろん世界各地にどこでもあるでしょう。しかし、天然産の玉石は、日本だけに秘められているのです。

岡田光玉師は、玉石について生前、次のように説明されたことがあります。

「大地の岩石が、玉石を胎《はら》み育て生む。ちょうど真珠貝が玉を育むのに似ているといえる。要は、自然岩石内に発生するのが玉石で、年々育って円くなる霊石である」。

まことに不思議な石なのです。

玉石は、このような霊石ですから、光玉師によれば、太古より、御神前に祀られ、神が降臨されるとするヒモロギ（神籬）として使われてきたということです。

とくに巨石文化時代では、「天照日大神様」がお祀りされ、磨き澄まされた「大鏡岩」を真東に安置し、反射される太陽光を拝んだそうです。

そして、屋内では、家内の祭壇位置と思われる上座にこの玉石を祀り、これを拝んだと考えられています。というのも、巨石器住居跡から、だいたい各戸ごとに玉石が発見されているからです。

日本は、「日玉の国」でもあったのです。

神の光によって鉱物・植物まで変化する
（万物万生は大元力パワーによって生かされている）

万人は皆、神の光の放射体であり、主神様に生かされている。主神様に生かされれば生かされるほど、「小我を捨てて大我〔主神様の御経綸に参画させていただこうという祈りと実践〕に生きれば生きるほど」、その人は神の光の強力な放射体となって、周囲を浄めていることになる。

次の体験談は、生物のみならず植物も鉱物もすべてのものは、神の光により浄まり眞・善・美へ変化していることを示すものです。

和田展示館には、神は光なりの証《あかし》として、神の光による琥珀や、鉱物の美への変化が、展示されています。

星野看護師の体験談

〔琥珀のトラの置物について〕

「院長が古美術屋で購入した黒っぽい色の不透明な対の琥珀のトラの置物の一つを、診療所の待合室に飾って置き、約二ヶ月位たったところ、院長の自宅の方の対のトラの一つは、どんどん透明度が増してきているのに、待合室に飾って置いたもう一つは、全然変化がないので、院長が院長室に移動して置くと、

2～3週間のうちに黒い色が明るい色に変化して透明度が増してきました。特にトラの足、尾の細いところは、すかして見ると向こう側が見えるくらいまで透明度が増してきました。

平成十九年八月二十二日

和田内科　看護師　星野志津枝」

〔水晶について〕

「院長が均一の黄土色をした不透明な大きな単結晶の水晶を院長室に飾って置くと、数ヶ月のうちに天然石の石の層がでてきて透明度が増してきれいな色に変化しました。

後で院長より、この水晶は輸入業者が練り物として11kg、1万2千円で売っていた物を購入した水晶だと聞かされました。人工的に水晶の粉を練って型にはめた物ならばこんな天然石の層がでるはずがない。この変化で、めずらしい非常に価値のある巨大な単結晶の天然水晶だということがわかったと言われてびっくりしました。

その後、院長が黒色をした水晶を院長室に置くと、1～2週間すると黒い色だった水晶がどんどん透明度が増してうすい色に変化しました。また、小さな水晶がたくさん集まってできた置物を院長が購入してきました。茶色がかった不透明な状態でした。水晶の置物は2～3週間で、茶色がかったにごりもなくなって透明度が増してきて透き通ってきています。」

〔植物　サンセベリア（とらの尾）について〕

「院長が四年前頃に、同じ日に同じ高さのサンセベリアを二鉢購入し、一鉢は待合室に置き、もう一鉢は院長室に置きました。日がたつにつれて院長室にあるサンセベリアは生育が良く高さも他の鉢の二倍ぐらいに大きくなり、脇から新しい株の新芽がでてきています。」

主神の光は万生万物を生かしている光ですから置物だけが影響を受けるわけではありません。皆様が岩戸を開いて光の放射体となれば、本人がわかろうとわかるまいとその人に接する人々や環境は神の光により浄められていることの証明です。

第四章　真の全人医学が病を根底から絶つ

全人医学についての私見

日本の現代医学は、十八世紀に、ドイツのベルリン大学教授ウイルヒヨウが提唱した細胞病理学から発展した医学を、明治から大正にかけて輸入したものに基礎をおいています。

従って、すべての疾患を細胞病理学の立場から解明し、ついには、遺伝子操作にまで入ってしまった。

この分化し過ぎた唯物医学は、一方ではカルテの検査結果のみを判断の材料とし、医師と患者さんとの、人としての触れ合いを無視した医療になろうとしてきているのです。

この重大な欠陥に気付き、最近十数年に、全人医学（ホリスティックメディシン）を提唱する医者が出てきていますが、これは対症療法にのみ終始している医療を、局部的疾患は全身の一つの現れとして看る、すなわち、全体像のなかの一現象としてとらえようとする試みですが、これとても目に見えない世界を無視し、目に見える世界のみに限られた医療である限り、いまだにウイルヒヨウの細胞病理学の範疇から抜け出せないでいるといってよいでしょう。

しかし、目に見えない部分の肉体に及ぼす影響が、非常に大きいなどということを、日本の現在の医学界でいえば、非科学的だといって、全く否定されるか、無視されるのが現状であるといってもよいでしょう。

平成十年（一九九八年）ＷＨＯ（世界保健機関）で、健康の定義に関し、目に見えない次元のスピリットがダイナミックであることが、健康にとって必要であるということを付加しようとして検討され、参加委員の七十パーセントが、そのことに賛同したのであるが、三十パーセントの反対があったため、いまだに健康に対する目に見えない世界の関与の重要性が無視されております。

我々は、細胞一個の営みにしろ、また、呼吸、消化、循環などの機能にしろ、また、生体内における免疫機構などのメカニズムにしろ、すべてが目に見えぬ世界の未知のパワーによって行われていることを認識しなくてはなりません。

しかもそのパワーは、無意識のうちに、常に最高の働きをして個体を健康に保っています。人知では全く解明することのできないパワーです。

本来萬人がこの未知のパワーによって、大調和のもと、常に健やかに生かされているにもかかわらず、客観的に把握できないという理由で、これを全く無視し、見える世界にだけ終始しているのが現代医学の世界です。

たとえば、免疫機構一つとってみても、細胞病理学的には、顆粒球、琳巴球（T細胞、B細胞、NK細胞）、単球など、個々についての機能はかなり分かってきているけれども、それ等が生体内において、どのように活性化するかは、ほとんど分かっていないのが現状です。

たとえばNK細胞は、ガン細胞やウイルス感染細胞を、異常自己とみなして攻撃する作用があることは、分かっておりますが、それはNK細胞の機能が分かっただけで、その生体内でどのような仕組みで活性化して、機能を果たしているかは、全く分かっていないのです。

末期のガン患者さんでは、ＮＫ細胞の活性化はほとんど見られないが、ＮＫ細胞の数は健康の人より非常に多く検出されるのです。従って、ＮＫ細胞の数が多いからといって喜ぶわけにはいかないことが分かるのです。

人の免疫力を含めた自然治癒力は、平素の健康体のときは表面に表れていないが、いったん、緩急あるときは、速やかに活性化して、最大限の働きがなされるような状態、これが真の健康な状態といえるので、普段なんともない健康状態にあるときに、やたらにサプリメントだ、いやビタミン剤だと外部からつぎ込んだからといって、決して良い結果が得られるとは思いません。

食事一つとってみても、バランスのとれた食事を、腹八分目によく噛んで、天地の恵みに感謝して食するのが、最高の健康法なのです。

免疫力を含めた自然治癒力が、働くべきときに強力に働くためには、目に見えないスピリットの世界のパワーが常に充実していることが、必須条件なのです。同じ程度の精神的ストレスでも我《が》の強い人はそのストレスを強く心に受けとめ、それに執着するための暗い心となり、自然治癒力、免疫力にとって大切なスピリチュアルパワーを抑制しますから、我《が》のない、心に曇りのない状態を常に保っていることが重要なのです。

我のない人というのは、自己中心の我《われ》よしの心、必要以上に強い物質欲・名誉欲・慢心などのない利他愛で謙虚な人のことをいうのです。このような人は、精神的ストレスをストレスとして強く受けとめない人であり、自然治癒力の活性化している人といえます。

我の強い人ほど、ストレスを心に強く受けとめ、それにとらわれるため、マイナス思考となって生体の自然治癒力は抑制されるのです。我のある人は、目に見えない世界のパワーを抑制してしまうため、自然治癒力や免疫力活性化が抑制されて、必要なときにそれが働かない、その結果病気になりやすく、また病気になっても、治癒が長引いてしまうのです。

胃潰瘍などはストレスが疾患をもたらす分かりやすい例です。セリエのストレス学説で証明されているとおり、その人の心の面からストレスがなくなれば、またストレスに対しての心の持ち方が分かれば、頑固な胃潰瘍が速やかに治癒した症例を和田内科ではたくさん看ております。

自己中心の我が、人間の自然治癒力や健康から離れる最大の原因といえるでしょう。

どんな環境に生活していても、感謝、利他愛で明るく生活するような人は我がないので、ストレスをストレスとして受け止めないため、生体内の自然治癒力は最大限に発現できる状態に保たれており、常に健康でいられるのです。

人は自分の力で生きていると錯覚していますが、ある偉大な力によって常に生かされていることを知らなくてはなりません。日本の医学界では、このような目に見えない偉大な力というと、すぐに非科学的だ、迷信だといって否定しようとしますが、またそれが知性的だと思って錯覚していますが、そのような人こそ、疾患の本質を知らない浅薄な唯物科学者であるということを断言しておきたいのです。

相対性原理のアインシュタインは、晩年に、宇宙に意思ありといって、絶対的なものの存在を認めているし、筑波大学の村上和雄名誉教授は、レニンのDNAの研究をしているうちに、偉大な目に見えないものの存在を否定できなくなって、それをサムシング・グレートといった。ユングは目に見えぬ萬人に共通する世界の実在を知って、集合的無意識の世界と表現し、また量子力学では、プランクスケール 10^{-33}（10のマイナス33乗）以下の世界、ここでは時間も空間もなく、もちろん微分も積分も通用しない人知を超えた次元の世界のあることを認めています。

ビッグバンをビッグバンたらしめた、無始、無終、久遠に「在りて有るもの」（主神）、萬生、萬象を、大調和のもと、繁茂、繁栄させている大元力・パワーによって、人間も生かされていることを知るとき、全人医学は、この目に見えない世界を含めての全人でなくてはならないことがはっきりします。

そこで、このパワーの発現を抑えているものは人間の我であり、スピリットの曇りであることを知るとき、我を捨てて、そのパワーに最大限に生かされることが、いかに健康にとって最重要であるかということに思いをいたし、これを患者さんに知らしめ、我（ストレス）を捨て、感謝に生きることの重要性を患者さんに知らしめて、実行させることが全人医学の重要な要素であると結論づけられるのです。

なお、平成二十年六月のことですが、ブドウ糖負荷試験で二時間後の血糖値が五一一ミリの重症糖尿病患者さんが、毎日徹底的に目には見えないが「在りて有る」偉大なるパワーによって生かされていることに感謝し、善いことも悪しきこともすべて感謝で生活し、食養生をしたところ、一切薬も服用せずに、朝食二時間後の血糖値が初回四九三ミリから、一週間に一度の再診の度に著しく改善されて、二カ月御には、食後二時間で一三九ミリにまで改善され、自覚症状も全く消失して現在にいたっている患者さんがおります。

この症例は、患者さんが本当に素直に想念を転換して、何事も感謝で生活するようになりますと、薬も服用せずにこのような重症糖尿病でも速やかに著しい改善を見るということを実証している良い症例です。

ご希望の先生がいらっしゃいましたら、ご来院いただければいつでもカルテをお見せして（ご本人了承済み）、納得されるまでご説明させていただきたいと思います。

ＷＨＯ、目に見えぬ世界、スピリチュアルパワー

（神歌）

「医薬業の為の医薬の世は過ぎて　人類無病化仁術の御代」

「医は医無きを期す」

世界保健機関（ＷＨＯ）の健康の定義「単に病気あるいは虚

弱でないということだけでなく、肉体的にも、精神的にも、社会的にも、良好（wellbening）であり、〔霊的（spiritual）に活力に満ちた（dynamic）状態〕を健康という」の条件を満たした、無病化状態に萬人をお導きして行くことを、和田内科の究極の目標としています。

〔〕のなかの条件は、平成十年（一九九八年）のＷＨＯの委員会で、委員の七〇パーセントの人が同意しております。目に見えない世界を否定し、対症療法のみに終始する現代医学では、本当の健康状態にお導きすることは全く不可能なのです。

我《が》を捨てて、主神神向に徹し、感謝に生きれば生きるほど、霊的活力が増大し、ＷＨＯでいう、霊的（spiritual）活力に満ちた（dynamic）健康状態になるのです。

すなわち真理は、霊主、心従、体属であり、霊主、心従、体属の法則を知らなくては、真の健康体にはなれないということを早く皆様に知っていただきたいのです。

我を捨て感謝に生きることから考える全人医学

大事なことは、目に見えない世界がこの世の主体をなしているということです。物質世界の奥には、霊の世界があり、さらに、神界があり、その根底に主神の存在があります。そして、主神は、すべてを生かしある力です。

ではそれなのに、どうして病気になるのか。それは霊魂の曇りです。その曇りが主神のパワーをさえぎっているのです。

そして、その曇りの大きな原因が我《が》です。ですから、我を捨てれば捨てるほど、主神に生かされる。

だから我を捨てることが健・和・富への最大の近道となるのです。

無病化への奇跡の実例

私は現代医学では全く否定・無視している目に見えない世界・主神の光・大元力パワーによる疾患の治癒については、既に症例とともに昭和六十一年度日本健康科学学会の総会と、第十二回文明病環境国際会議の学会で発表しておりますが、その後も、現代医学では全く考えられない重症患者の奇跡的治癒や改善を多数看てきております。重症でない疾患の治癒例などは枚挙にいとまがありません。是等のカルテは勿論全部和田内科に保管されております。症例の二、三例を挙げてみます。

癌反応（ＣＥＡ）陽性で癌センターで手術の日まできまっている患者さんの乳癌が十五分位の手かざしで消えてしまい勿論手術もキャンセルされた例、頑固な悪性高血圧で他医療機関で長期服薬治療していても頑固に下がらなかった血圧が下ったり、心筋梗塞で高度の高脂血症があり、脱コレステロール剤を長期間服薬治療していても下らなかったコレステロール値がいちじるしく下ったり、足背《そくはい》が赤く腫れ上がって痛くて思うように歩けないで来院した方が、帰りには痛みもとれて、腫れも殆ど消失して、初診時の検査でリウマチ反応が強陽性でしたが、再診時には陰性になった患者さんなど、現代医学では全く考えられない様な奇跡的治癒例を数多く看ております。

しかし此の様な奇跡の発現は、同じ病名で、同じ程度の重症度でも対応の仕方は一人一人異なり、受診する人の想念で、千人千様なので、千遍一律に行かないことを知らなくてはなりません。但し、主神神向を知ってス直に実践する人は皆良い方へ向かいます。ス直が大切です。

ほほ笑美《えみ》

微笑《ほほえ》みのある生活には我がない、あるのは自他一体の慈しみ、思いやりから発する慈愛であり、これこそ至高の愛に通ずるものである。微笑みをもって生活できる人は、求めずして健・和・富が天の倉より与えられ、主神様から最大限に生かされる人となる。

それには、小さい時から、上敬下愛の思いやりある利他愛の教育を受けることが大切で、礼儀作法、その他の徳育を身につけ、精神的な良い習慣を身につけることが大切なのです。

地上の全人類が、この微笑みの人となった時、地上天国が到来するのです。私たちは、常にこの心境を目指し、主神中心・無対立愛和の人となって、地上天国実現に向かって精進努力しようではありませんか。

私たちは、今、人類が滅亡するか、健・和・富の地上天国を樹立するかの分岐点に立たされているのです。主神中心無対立愛和に生きるか、物主自己中心の対立文化に生きるか二つに一つ選ぶほかなき今人類です。

一刻も早く、主神神向にめざめ、小我をなくし、利他愛に徹し、なにがあっても感謝の心で過ごすようになりますと、それが主神に対しての全託となり、自らが天手力男命となって、自らの岩戸を開くことになります。

そうなれば、人は、光の放射体となって、健・和・富は求めずとも、やってくるでしょう。

こうして、すべての人が、光の放射体となれば、地上天国はすみやかに実現し、無病化・脱貧・無対立愛和の世界が訪れるのです。

それが主神の大御心であり、御経綸です。

まずは、日本人がその手本を示さなければなりません。日本は、「霊の元つ国」といわれ、世界に魁る使命があるからです。平和の象徴であられる天皇を中心に、日本人は、一つにまとまらなければなりません。

物主霊従の世から、霊主心従体属の神理正法の世への転換は始まっています。残された時間はそれほど多くはありません。私たちの転換が間に合わなければ、人類は自滅あるのみです。

たった今から主神神向へと想念を転換してください。

天の岩戸を開くのは、あなた方自身なのです。

天寿を全うするということ

人は皆、夫々《それぞれ》きめられた寿命がある、ただ我《が》による霊的曇りを積んできたまま最期を迎える為、苦しみながら早死にする人が殆どである。

ただし、今まで幾萬年包み積んできた我《が》の罪を心よりお詫びして、我《が》が出たと思ったらすぐに主神にお詫びして、主神のお仕組みのもと、生かされていることに感謝し、善《よ》きも悪《あ》しきも万事《よろずごと》、只々有難しもったいなしと感謝する人に我《が》は無い、そのような人は、天寿を全うできる人であります。

たまたま病《やまい》があるとしても、それは過去の我《が》による霊の曇りを解消する為のクリーニング現象であり、神の仕組みであり、良くなる為の変化であることを知ったら、病《やまい》にも感謝することが出来る。

このように精進する人は、現在、病《やまい》があっても速やかに改善するか、たとえそのまま天寿を迎えて、天寿が尽《つ》きるとしても、苦しんだり痛んだりせずに、大安心、大往生の出来る人であります。

第五章　霊《ひ》の元つ国、日本の使命

霊《ひ》の元つ国日本の使命と世界恒久平和

霊《ひ》の元つ国日本の使命

霊《ひ》の元つ國である日本及び日本人は、世界に魁《さきがけ》て地上天國を実現させる使命を主神様から与えられている。日本にのみ石生の石、玉石・霊《たま》石・魂《たま》石が産出するのはその一つの証です。日本國憲法九条に示されている平和の象徴であられる天皇を中心に、萬民一体となって地上天國実現に向かって精進努力する時であります。

富士山は、世界の霊界のへそです。だから不二であり、日本は、「霊《ひ》の元つ國」なのです。

さらに、その証拠といえるのが、日本列島の「形」です。古神道でよく指摘されるように、日本列島は、世界の大陸のミニチュア版といえる形をしています。たとえば、本州がユーラシア大陸、九州がアフリカ大陸、四国がオーストラリア、そして、北海道がアメリカ大陸です。また、台湾が南極大陸にあたります。

さらに、カスピ海が琵琶湖でエベレストが富士山、伊豆半島はインド亜大陸とそっくりです。

日本列島が、世界大陸の「ひな型」であるように、日本は、主神の御意《みこころ》に沿ってあらゆることの「型出し」を行う使命があります。つまり、日本で起きたことが世界で起きるのです。

ですから、日本は、世界に魁けて、地上天国を実現させなければなりません。すると世界は、日本を見て一度に地上天国が樹立されるのです。恒久平和が実現されるのです。

憲法前文では、世界に向けて恒久平和の実現を呼び掛けています。

日本国憲法では、天皇は、日本国の平和の象徴として位置付けられています。万世一系の天皇家は世界に類を見ない家系で、日本の象徴としてまさにふさわしいものです。日本国民の幸せ、世界平和をいつもお考えになり、そしてお祈りされています。

この天皇を中心に萬民が一体となってこそ、世界平和が実現し、地上天国の建設が現実のものとなるのです。

今が地上天国樹立の時

霊の元つ國日本は、世界に魁《さきがけ》て地上天国を樹立する使命を主神から与えられており、日本がそれを実現すれば世界平和が速やかに達成されるのです。

日本人は早くこのことに目覚めて、平和の象徴であられる天皇を中心に、萬民一体となって使命達成に向かって精進努力しなくてはならない重大な時です。それに至る最捷路《さいしょうろ》（最短道）、真《ま》法門《ほうもん》の扉が、展示館に示されている主旨（四九頁参照）です。

政治も、教育も、医学も、経済も、全てが地上天国樹立の為のものとなってこなくてはならない時です。

今のままでは、人類自滅あるのみです。萬人が主神中心無対立愛和の人となって、主神御経綸《ごけいりん》である地上天国成就に向かって精進努力する天の時の到来です。

今、日本は、産みの苦しみを迎えている時期かもしれません。自民党から民主党に政権は交代したものの、同じく首相は一年交代でたらい回しされ、震災の復興もままならない状態です。

しかし、天は、そう長い時間待ってはくださらないでしょう。このまま、自己中心対立想念で権力争いを続けていたら、人類は自滅の道をまっしぐらに突き進んでいくのみです。世界の覇権争いを止めるには、日本がその手本を示さなければなりません。

天皇は、権力の象徴でも、単なるお飾りでもありません。平和の象徴としてあられるのです。天皇に私心はありません。

明治天皇の御製の歌をご覧ください（口絵参照）。

「よもの海《うみ》　みなはらからと　思ふ世に
　など波風《なみかぜ》の　たちさわぐらむ」

「さしのぼる　朝日のごとく　さわやかに
　もたまほしきは　心なりけり」

憲法九条を守れ

（神歌）「神歌《みうた》とは岡田光玉師が天の声を受けて読まれた和歌です」

霊の本も　ユダヤ米蘇支祖は一つ
　受け持つ責を分かたれしのみ

いまだに人知浅知枝にて憲法九條を改悪して再軍備（防衛の為）などと考える人々がいるが、憲法九條こそ、第二次世界大戦という大ミソギを経て、天から与えられた日本の一番大切な憲法であり、日本は早く主神神向に、めざめ、徹して、地上天国をめざさなくてはならない。天の時の到来です。

日本が国連で、「憲法九條を遵守して、世界平和にのみ貢献する国である」ことを宣言することが大切で、実際に、平和の象徴であられる天皇を中心にして、萬民一体化して地上天国樹立を目指している時に外国が、日本を攻めてくるような仕組みが、実際に起きるはずは無いが、もしそのようなことがあったら、世界がそれを許しておかないであろうし、地球は自滅することになる。

主神神向は、地球の一切は主神の御仕組みのもと、統一運営されていることを信じ、全人類は主神に生かされていることを信じることからはじまる。ただし、主神はヒトに自由意思を与えてあるから、主神の御意《みこころ》に反することも平気で行うことが出来る。現在の一宗一派にとらわれた宗教戦争の殺し合いなどは、その最《さい》たるものである。

第二次世界大戦などは、平和の象徴である天皇を、権力の象徴と誤解して、さらに天皇に対しての、間違った権力思考を利用して日本人を戦争に突入せしめた結果である。

日本が負けたのも、お仕組みであり、もしここで、日本が勝っていたら、とんでもない間違った天皇権力の利用による帝国軍国主義国家となって、地上天国実現など、まったく不可能な状態になっていたと思う。

大和人よ（日本人よ）遅いぞ、間に合わんぞと、主神は四十年も前から叫んでいらっしゃるのです。


太平洋戦争終了当時、敗戦国の首謀者は死刑が当たり前でした。ですから、どこの国の為政者も命乞いをして亡命したりもしていました。

戦後の日本復興の指揮官であるマッカーサーは、天皇もそうではないかと思ったのでした。

しかし、昭和天皇は違いました。「私はどうなっても構わないが、日本国民を救って欲しい」とおっしゃられたのです。これはパワーズ少佐の証言からも明らかです。平和主義者だった昭和天皇。そのご遺志を継いで、日本は、核兵器をきっぱりと断念すべきです。

全人類が主神に生かされているのです。日本国民が、天皇を中心として萬民一体となって地上天国を目指しているとき、どうして他国が攻めてくるでしょうか。もし、それでも攻撃してくるようなら、もう人類に明日はなく、自滅の道が待っているのみです。

ただし、日本人が早く主神神向に向かわないなら、他国の侵攻もあり得なくはありません。この場合も待っているのは、自滅です。

第六章　萬教帰一

萬教帰一

二十一聖紀は人類最後の天の岩戸開きの時、全人類は、一日も早く主神神向にめざめ、世界恒久平和・地上天国樹立に向かって精進努力する天の時の到来です。

至高至聖の霊智《みち》の本源であられる主神は、大愛とマコトの意志の当体であらせられ、ビッグバンをビッグバンたらしめた、無始無終、久遠に在りて有る大源力であり、宇宙一切を霊主、心従、体属の神の掟のもと、繁茂、繁栄、創造生成化育し、神・幽・現三界に渡って、相即相入に相連動し、宇宙意志となり、光となり、絶対力となって、大調和のもと、全てを統一運営しておられる霊智《みち》の本源であられます。

したがって、一宗、一派、一教団等に何ら影響せられることのない超宗教界のもの、即ち崇教界のものであり、二十一聖紀は、全人類、直ちに一宗、一派、一教団の殻をぬぎ捨てて、主神神向に帰一し、主神御経綸である地上天国、世界恒久平和樹立に向かって、精進努力する以外、地球の救われは無いことを肝に銘ずべきです。

萬教は、時・所・位により主神の一面が、世の建て直し、み救いのみ業として現れたものであり、全人類は、一人ひとり、主神に生かされている神の子兄弟姉妹であるにもかかわらず、一宗一派にとらわれて、争い、殺し合っているのが現状であることに早く気付き、人類一人残らず、無病化、脱貧、無対立愛和実現の奇跡奇跡に感泣する地上天国化の一日も早からんことを祈り、主神御経綸御成就に向けて、真吼え、真行、正法の実践に精進努力するときです。

萬教帰一でありますが、モーセ、釈尊、イエス、孔孟、皆ともに、主神を崇める権化だったのにもかかわらず、その後の人たちが一番重要な主神から離れ、間違った解釈のもと、一宗一派に固執して、宗教戦争になっているのが、今の世界の状態です。

皆、主神に生かされている神の子であるにもかかわらず、兄弟姉妹が殺し合いをしているのが現状です。早く全人類が主神神向に目覚め、世界恒久平和を樹立しなくては、人類自滅あるのみです。

また、萬教帰一といっても、大衆を霊的に間違った方向、すなわち主神の御経綸に逆行するような方向へ導くものがいるとすれば、それは、無間地獄であることを覚悟しなくてはなりません。窃盗や人殺しなどよりずっと重い罪であることを覚悟しなくてはならないのが二十一聖紀です。

第七章　最後の天の岩戸開きの実践

最後の天の岩戸開き

不マコト人（心切り替え不充分な人々）との立て別け、ますますキツクならん、組み手といえども油断するなかれ。幾万年、主神を心のなかに包み積んできた罪を、心よりお詫びし、少我が出たらすぐにお詫びして、何事にも感謝で生きる。

萬人、ガを捨てることによって、主神に最大限に生かされることを知ったら、自捨新生して、朝な夕な、事々一切、徹底して主神に感謝して生活する。

二十一聖紀の祈りは、「主神御経綸御成就・地上天国実現の一日も早からんこと」以外には無い。

（御聖言）

神より人間離れしは、人間の我《が》。

神を包み積みしも人間の我《が》。

神の与えし、汝等の清らな魂《たましび》曇りにて包み濁らせしも人間の我《が》。

神を利用しっ放しや、神盗人《かみぬすっと》となりしも人間の我《が》。

ここだくの罪犯せしも、それにさえ気付かざりしも人間の我《が》。

人間いよよ汝に教えし、我《われ》のガの濁り汚れ取らねば、罪穢《ざいえ》の濁り点など削り取ること永久《とわ》に能わざるべし。地上天国成るはずなき意味も判るべし。

萬人が自捨新生して、主神神向に覚《めざ》め、主神御経綸に参画させていただくことが、最後の天の岩戸開きであります。

大和人が主神神向に徹し天皇を中心に一つにまとまり、健・和・富の地上天国を実現すること。それが日本にとっての岩戸開きになります。それを成し遂げるには、まず、個人、個人が天手力男命《あめのたぢからおのみこと》になって自分の小我を捨て、岩戸を開かなければなりません。

それが、主神神向です。主神にすべてを託し、日々、感謝で過ごし、少我をなくすことに努めることです。

（御聖言）

いまだに、人知浅知枝にて己を見、己丈を真中に置きあるもの（自己中心、自利愛中心主義、人間中心主義）可哀《かわい》そうなる世になるなり。お先まっ盲《くら》よ、早くチョンマゲ切らしてチョン頭に乗さすべし。㋜《ス》神《かみ》と神の子（他人《ヒト》）尊び、可愛がり、己の心の真中に置き換え致すヒト、利他愛人こそ、不思議にも幸せものの世、天の倉より与えらるる代へ神が切り換え致すなり。

平等即差別　差別即平等

人は、神の子として平等です。それは間違いありませんが、「平等」という言葉を取り違えてはなりません。平等即差別　差別即平等で、神の子として平等の中に長幼、上下身分等の差別がきちんとなされて秩序と調和が守られているのが真の平等なのです。

共産主義は、平等を謳ってはいます。しかし、現実は、平等でもなんでもありません。中国共産党の一党独裁で、国家主席を頂点として、ヒエラルキー（ピラミッド型の階級組織）社会を形づくっています。著しい貧富の差があり、苦しい生活を余儀なくされている人が大勢います。共産主義は平等配分を謳っていますが、現実は著しい悪平等となっています。

一生懸命努力した人がその努力に応じて報われるのが本当の平等です。

日本にも、このような西洋かぶれした悪しき平等が入り込んで、社会が混乱しています。たとえば、男女平等社会です。男女は、神の子として相手を尊重し平等でありますが、決して同質ではありません。女性は、平均身長も低ければ、筋肉量も赤血球の数も少ないのです。

さらに、おなかに子を宿して次代に命を継いでいかなければなりません。だから、物理的にすべてを平等に扱うことは、却って不平等になるのです。それを悪しき平等といいます。男は男らしく、女は女らしくして神の子として平等、これが真の平等です。

しかし女性でも男のやるような事に著しい能力のある人もいます。このような場合は、その能力が充分に生かしてあげられるような仕組みがあるのが真の意味の平等なのです。男はこうなくてはならない、女はこうなくてはだめだと千遍一律に決めつけるのはまた平等のようであって悪平等といえるでしょう。

悪平等では、健・和・富、世界恒久平和の実現は不可能です。例えば一つの家庭をとってみても、男は男らしく女は女らしくして神の子としてお互いに相手を尊重し、愛と感謝で接することにより平和な家庭が築かれるのです。そのような平和な家庭が集まって地上天国が実現するのです。

主神中心無対立愛和

清明正直《せいめいせいちょく》にして、小我を捨て、大我に生きる。主神の御名の弥栄えの為、世の為、人の為、主神に全託のもと、みんな仲良く愛和して、感謝の生活をする。是が、主神中心無対立愛和のヒトであり、求めずして、天の倉から健・和・富を与えられるヒトとなるのです。

小我からくる、憎しみ、怨み、嫉《ねた》み、そねみ、羨《うらや》み、呪《のろ》い、怒り、疑い、惑い、不平、不満、心配ごころ、咎《とが》めの心、苛苛《いらいら》する心、急《せ》か急かする心を起こしてはならない。

「主神中心無対立愛和」。これは、二十一世紀のお題目といってもいいでしょう。お題目とは、本来日蓮宗が唱える「南無妙法蓮華経」の七文字のことをいいます。日蓮宗では、お題目を唱えると、仏と一体になることができるといいます。あるいは、お題目そのものが法華経の真理であるともいわれています。

二十一世紀は主神神向の時代ですから、「主神中心無対立愛和」は、新時代に向けた新たなお題目なのです。このお題目を唱えれば主神と一体になることができるのです。なお、日蓮聖人の言われる久遠本仏とは主神のことです。

生活即神向ですから、日々の行いが大事になります。小我を捨て、大我に生きる。つまり、世のため、人のために生きる。主神に全託する。みんな仲良く、愛和する。日々感謝の生活を送る。

それがなされれば、「主神中心無対立愛和」の人といえ、求めずして、天の倉から、健・和・富が与えられるでしょう。

「ザ・コスモロジー」というところのホームページに「洗心」というのがあります。

そこに、ご法度の心として、

「憎しみ、怨み、嫉《ねた》み、そねみ、羨《うらや》み、呪《のろ》い、怒り、疑い、惑い、不平、不満、心配ごころ、咎《とが》めの心、いらいらする心、急《せ》か急かする心」

が挙げられています。

このような心をもってはいけないというわけです。私もそれに賛成です。そこで前文に一部、拝借させていただきました。

しかし、もってはいけないといわれても、心をコントロールすることはなかなか難しいのが人間です。憎むなといわれても憎しみがふつふつと湧いてくることもあるでしょう。

そういうとき、どうすればいいのか。

それは、主神への全託です。自分のまわりに起こる出来事の因は、すべて自分に元があることを自覚します。憎しみ、嫉み、……そういう気持ちをもってしまったことへの主神へのお詫びと、生かしてくださっている主神への感謝です。
そして、「主神中心無対立愛和」を何度も唱えてください。いつしか、心の曇りが祓われていることでしょう。

最後の天の岩戸開き

最後の天の岩戸開きにあたって、以下のことをス直に実践してください。必ずや、あなたの天の岩戸を開けることができるでしょう。

〔独唱〕

「霊の元つ国」である日本が世界に魁て、大和人萬人が一度に主神神向に目覚め、各自が最後の天の岩戸を開いて、日本の平和憲法の象徴であられる天皇を中心に、一丸となって地上天国樹立に向かって精進努力させていただきます。

最後の天の岩戸開き

不マコト人（心切り替え不充分な人々）との立て別け、ますますキックならん、組み手といえども油断するなかれ。幾万年、主神を心のなかに包み積んできた罪を、心よりお詫びし、少我が出たらすぐにお詫びして、何事にも感謝で生きる。

萬人、ガを捨てることによって、主神に最大限に生かされることを知ったら、自捨新生して、朝な夕な、事々一切、徹底して主神に感謝して生活する。

二十一聖紀の祈りは、「主神御経綸御成就・地上天国実現の一日も早からんこと」以外には無い。

（御聖言）

神より人間離れしは、人間の我《が》。
神を包み積みしも人間の我《が》。
神の与えし、汝等の清らな魂《たましび》曇りにて包み濁らせしも人間の我《が》。
神を利用しっ放しや、神盗人《かみぬすっと》となりしも人間の我《が》。
ここだくの罪犯せしも、それにさえ気付かざりしも人間の我《が》。

人間いよよ汝に教えし、我《われ》のガの濁り汚れ取らねば、罪穢《ざいえ》の濁り点など削り取ること永久《とわ》に能わざるべし。地上天国成るはずなき意味も判るべし。

萬人が自捨新生して、主神神向に生き、主神御経綸に参画させていただくことが、最後の天の岩戸開きであります。

第八章　大和人各人が最後の天の岩戸を開いた後の実践項目

一、生活即神向で主神神向に徹し、天皇中心地上天国樹立に向かって精進する。

二、「天津祈言」「主神中心無対立愛和」「神向き妙法見実相観」の全文を朝夕時間を決めて拝誦《はいず》する。

（一）天津祈言《あまつのりごと》

二拝　三拍手　一拝

神幽現三界連動即実相　高天原《たかあまはら》に神魂霊《かむたまひ》　燃え出で坐《ま》す
神《かむ》ロギ神《かむ》ロミのみ力もちて　万生《ばんせい》とヒトの御祖神《みおやかむ》天津《あまつ》主《ス》の真《ま》光《ひかり》

大み神　祓戸《はらひど》の大神等《おおかむたち》　諸々《もろもろ》の逆法魂霊《さかごとたまひ》の包み氣枯《きが》れをば真光《まひかり》
もて開陽霊《ハラヒ》氣与《きよ》め霊削《みそ》ぎ給《たま》いて　神の子の　力甦《ちからよみがえ》らせ給《たま》えと申
すことの由《よし》を畏《かしこ》み畏《かしこ》みも白《まお》す

一拝

御親元主真光大御神護《みおやもとスまひかりおほみかみまも》り給《たま》え　幸《さきは》い給《たま》え
御親元主真光大御神護り給え　幸い給え

一拝

唯神《かむながら》　魂霊《たまひ》　幸《ちは》いませ
唯神　魂霊　幸いませ

一拝　四拍手　一拝

（真光の教団以外の方は、二拝　三拍手　等をなさらなくても、朝晩時間を決めて拝誦すればよいのです。また、この天津祈言は、いつでもどこでも、真光の業を行うときに、心の中に唱えるようにしてください。）

（神歌）

神・幽・現　三界連動即実相と
　真光つかみて永遠《とわ》に栄ゆる

（二）主神《スしん》中心無対立愛和

清明正直《せいめいせいちょく》にして、小我を捨て、大我に生きる。主神の御名の弥栄えの為、世の為、人の為、主神に全託のもと、みんな仲良く愛和して、感謝の生活をする。（是が、主神中心無対立愛和のヒトであり、求めずして、天の倉から健・和・富を与えられるヒトとなるのです。）

小我からくる、憎しみ、怨み、嫉《ねた》み、そねみ、羨《うらや》み、呪《のろ》い、怒り、疑い、惑い、不平、不満、心配ごころ、咎《とが》めの心、苛苛《いらいら》する心、急《せ》か急かする心を起こしてはならない。

主神中心無対立愛和

主神中心無対立愛和
主神中心無対立愛和

（三）　神向《かみむ》き妙法見実相観《みようほうけんじつそうかん》

吾今《われいま》　五官《ごかん》の界を断って肉界を去り
極微実相《ごくびじつそう》の世界に入《い》る

吾本来
肉体あって無く　無くて在って　無し
肉体は　消えて行《ゆ》く　消えて行《ゆ》く　消えて行《ゆ》く
吾今《われいま》　霊成型《ひながた》のみ　霊成型《ひながた》のみ　霊成型《ひながた》のみ

吾《わ》が霊成型《ひながた》は　今　宇宙大霊《うちゅうたいれい》の波と
　一蓮托生　境なく　交流する　交流する
宇宙大霊《うちゅうたいれい》の界は神大愛《かみたいあい》の
　生命《いのち》と　法則《のり》と　産土《うぶすな》の　力動《りきどう》の波
一切健《いっさいけん》・和《わ》・富《ふ》（真善美）大愛の光の波
　満ち充ちている
躍動して来る　躍動して来る　躍動して来る
ああ　生命《いのち》の力　法則《のり》の力　産土《うぶすな》の力と
　交感している　交感している
無限の力　流れ入《い》る流れ入《い》る　とめどなく　流れ入《い》る
　ああ　無量

吾本来神の子　神の光の放射体
吾《あ》がヒト魂《だま》　本来神の分け御魂《みたま》
吾魂《あこん》　神魂《しんこん》と　永久《とわ》に連なっている
スの十《かみ》　大愛《たいあい》の光　流れ入《い》る　流れ入《い》る　流れ入《い》る
スの十《かみ》　妙智《みようち》の光　流れ入《い》る　流れ入《い》る　流れ入《い》る
スの十《かみ》　清浄《しようじよう》の光　流れ入《い》る　流れ入《い》る　流れ入《い》る
ああ　有難し　有難し
吾魂《あこん》　本来　陽霊《ひ》の光の玉
霊像《ひがた》の光　共に増し来る　共に増し来る　共に増し来る
輝き初《はじ》む　輝き初《はじ》む　輝き初《はじ》む
ああ　有難し　有難し

大愛　健・和・富　無限のみ力
　満ちて来る　満ちて来る　満ちて来る
放射の力　湧き出《い》でて来る　湧き出《い》でて来る　湧き出《い》でて来る
　ああ　有難し　有難し
吾魂《あこん》　霊像《ひがた》の光
　共に増し来る　共に増し来る
　輝き初《はじ》む　輝き初《はじ》む　輝き初《はじ》む
全人類魂霊川上浄《たまひかわかみきよ》めの明礬役《みようばんやく》
全人類包み積み気枯《きが》れの輪血役
全人類一切逆法真如の奔流より
　真理正法《しんりせいほう》への方向転換板役《ばんやく》

果たさせ給《たま》え　果たさせ給《たま》え
ああ　吾《われ》神の子霊徒《ヒト》
　神の使徒たらしめ給《たま》え
ああ楽しき哉《かな》　生《い》くる果《か》い
ああ　人と生まれし意義に生きん哉《かな》
ああ　有難し　有難し
　神恩《かんおん》師恩《しおん》親恩《しんおん》
　生きて働く力《ちから》無限　ああ有難し
ああ　神向《かみむ》き妙法見実相観《みようほうけんじつそうかん》
　ああ
神向《かみむ》きせん哉《かな》　諸人《もろびと》よ

働く場の陽光子《ようこうし》となって
念じては行じ　行じては念じ
念じては行ぜん
許させ給《たま》え　浄《きよ》めさせ給《たま》え　救わさせ給《たま》え
許させ給え　浄めさせ給え　救わさせ給え
許させ給え　浄めさせ給え　救わさせ給え

御《み》親《おや》元《もと》主《ス》真《ま》光《ひかり》大《おほ》御《み》神《かみ》
唯神《かむながら》　魂霊《たまひ》　幸《ちは》いませ
護《まも》りませ
神《かみ》向《む》き妙法見実相観神通力《みょうほうけんじつそうかんじんつうりき》（八回連唱）

「この祈言《のりごと》は主神神向の最重要の祈言《のりごと》」

三、主神神向に覚《めざ》めて小我を捨てて光の放射体となった萬人に許される真光の業積みに精進する。

百八十度の想念転換、すなわち物主から霊主へ、自己愛から利他愛への想念転換の伴った真光の業《わざ》の実践に精進する。真光の業《わざ》は天津祈言《あまつのりごと》とともに行う。

なお、真光の業《わざ》とは、いつでも手をかざして主神の光を濃く照射し、周囲を浄めてゆく業です。

（御聖言）
今迄《いままで》、人間が人間に使われ来たれり。次の文明は人が神に直接仕うる天の時の到来。万人《ばんにん》が神策御成就へ直接奉仕の時。人類「真の自由への解放」はこれ以外になし。

陽霊《ひ》（昼）の文明　覚りてたてよ　神の子霊止《ヒト》
世界最後の岩戸（一八十）開きぞ

萬人、各自が最後の天の岩戸を開き、生活即神向《しんこう》で精進するとき、神理は、肉体は在《あ》って無く、無くて在って無きものであり、一人一人が宇宙大の自己となり、超高次元至高の主神によって生かされ、光の放射体となって、周囲を浄めてゆく霊止《ヒト》となるのです。一念三千なるが故に、生活即神向で生きる人は、超高次元至高の主神と一体となり、主神中心無対立愛和の人となるのです。二十一聖紀は萬人がこの主神中心無対立愛和の人となって、一日も早く地上天國、世界恒久平和を実現する時です。

（神歌）

主の神の心の在りか尋ね見よ
忝《かたじけな》くも　己が魂内《たまうち》

和田展示館について

本文でご紹介した和田展示館についてご興味をお持ちになった方のため、詳細を記しておきます。

古代～近世の中国・朝鮮・日本の美術を中心に、東西の美術品を蒐集・展示しております。

また、本文にて取り上げた「玉石」や「琥珀の虎」などもご覧いただくことができます。

開館時間：日曜日・午前10時～午後5時
入場無料（予約制）
ＪＲ片岡駅下車、駅前タクシーにて約５分

〒329-1575
栃木県矢板市大槻2318番272
コリーナ矢板Ｃ街区647
TEL　0287-48-2382

土曜午後・日曜以外は宇都宮市在住につき
TEL/FAX　028-658-2365　まで

和田康敬（わだ・やすたか）

医学博士。

日本臨床内科医会　臨床内科専門医。

全人類最後《ぜんじんるいさいご》の天《あま》の岩戸開《いわとびら》き

2011年11月28日　初版第1刷発行

著　　者　和田《わだ》　康敬《やすたか》

発 行 者　高橋　秀和

発 行 所　今日《こんにち》の話題社《わだいしゃ》

東京都港区白金台3-18-1　八百吉ビル4F

TEL 03-3442-9205　FAX 03-3444-9439

印刷・製本　ケーコム

ISBN978-4-87565-607-4　C0011